Marie Poulhalec

Mon cahier poche

Je capte, je renforce et j'entretiens l'attention des enfants

Illustrations de Jean Augagneur

jouvence
EDITIONS

Dans la même collection Mon cahier poche

Mon Cahier poche : Je fais le plein d'énergie !, Alia Cardyn
Mon Cahier poche : Je mange en pleine conscience, Audrey Donatoni et Marine Fort
Mon Cahier poche : Je pratique la loi de l'attraction, Slavica Bogdanov
Mon Cahier poche : Je régule mon poids selon les thérapies comportementales et cognitives, Sandrine Gabet Pujol
Mon Cahier poche : J'attire à moi bonheur et réussite, Christine Michaud
Mon Cahier poche : J'écoute mes besoins profonds, Dr Anne van Stappen
Mon Cahier poche : Je me reconstruis après un burn-out, Carol Dequick et Nathalie La Greca
Mon Cahier poche : Je souris même sous la pluie, Isabelle Filliozat
Mon Cahier poche : Je me prépare à la naissance en pleine conscience, Caroline Lesire et Faouzia Ismaïli

CATALOGUE GRATUIT SUR SIMPLE DEMANDE

ÉDITIONS JOUVENCE
France : BP 90107 – 74161 Saint-Julien-en-Genevois Cedex
Suisse: Route de Florissant, 97 – 1206 Genève
Internet: **www.editions-jouvence.com**
Mail: info@editions-jouvence.com

ISBN : 978-2-88953-035-9
Couverture : Éditions Jouvence
Maquette et mise en page : Frank Pitel [grad-design.fr]
Dessins de couverture et intérieurs : Jean Augagneur
Habillage graphique : ©Freepik

C'est quoi au juste, l'attention ?

L'attention, c'est-à-dire la capacité à se focaliser sur une chose à la fois sans se laisser distraire, est un art difficile mais qui peut rapporter beaucoup de satisfaction et de joie autant à l'adulte que vous êtes qu'à celui en devenir.

Force est de constater que nous vivons dans un monde étourdissant, ultracomplexe et dans lequel, bien souvent, nous ne savons plus « où donner de la tête ».
Un manque d'attention, qui n'a rien à voir avec un déficit de capacités intellectuelles, est souvent source de mal-être.
Pourquoi « *l'attention* » est-elle si importante ?

L'attention est la clé de la réussite dans tous les domaines de la vie. Elle est très utile à l'écolier pour réussir puisqu'elle facilite les apprentissages. **De la qualité de l'attention dépend la qualité des apprentissages.** Elle est aussi nécessaire dans la vie de tous les jours.

Qu'est-ce que l'attention ?

L'attention signifie se rendre totalement disponible à recevoir une information. L'attention permet la mémorisation de cette information. Pour certains spécialistes[1], être attentif ou concentré c'est garder l'équilibre, réussir à rester stable comme le funambule sur son fil. L'attention, c'est rester en équilibre, tendre ses yeux, ses oreilles, tout son corps vers un but précis sans se laisser distraire, au risque de tomber. Les raisons qui pourraient faire « perdre l'équilibre » ne viennent pas toujours d'une source extérieure à soi (les pensées récurrentes, les émotions peuvent faire perdre l'équilibre).

Quelle différence entre attention et concentration ?

Contrairement à l'attention, qui est un état d'ouverture, de grande réceptivité, la concentration est un repli sur nous-mêmes, sur la tâche à accomplir, en ignorant le monde qui nous entoure.

Les enfants comme les adultes se laissent facilement distraire. À qui la faute ?

Notre cerveau a été formé au départ pour réagir au moindre signe, pour nous alerter en cas de danger. Cela était fort utile à nos ancêtres les hommes de Cro-Magnon et leurs prédécesseurs. Bien que cette forme d'attention dite **automatique** ne soit pas négative en soi, elle est inutile si l'on veut accomplir une tâche avec efficacité. Dans ce cas précis, une attention dirigée vers une seule source d'information et fermée aux stimulations extérieures est nécessaire. On appelle cette forme d'attention, l'**attention volontaire.** L'attention volontaire se déploie avec l'âge ; en général elle commence à se développer à partir de 4 ans, pour atteindre son maximum entre 20 et 30 ans. Aussi ce n'est peut-être pas un hasard si l'école n'est obligatoire qu'à partir de 6 ans. Avant, l'enfant ne possède pas toutes les capacités attentionnelles indispensables aux apprentissages.

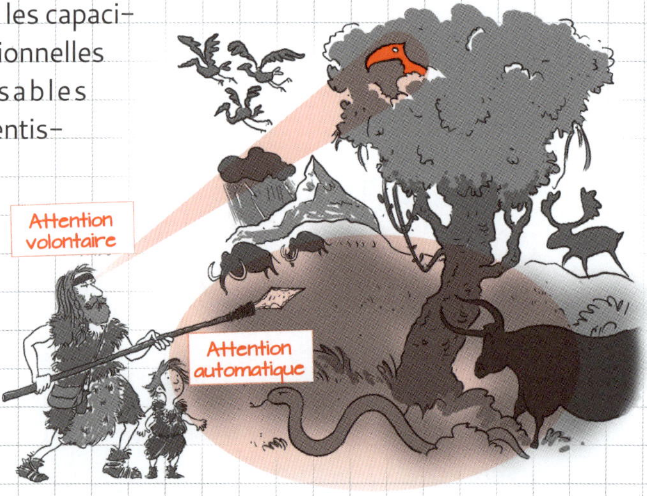

Nous pouvons apprendre à être attentifs et ainsi modifier nos instincts primitifs d'homme préhistorique ! Des découvertes récentes en neurosciences nous révèlent qu'à tout âge notre cerveau est capable de changer et de s'adapter.

À compter de la rentrée 2019, l'école sera obligatoire en France à partir de 3 ans afin de préparer au mieux les enfants à entrer dans les apprentissages.

Les neurosciences ? C'est quoi ?

Depuis plusieurs années, des chercheurs, partout dans le monde, explorent le cerveau des enfants en action grâce aux progrès de l'imagerie cérébrale. Les neurosciences étudient la façon dont fonctionne et se développe le cerveau et dont l'être humain s'épanouit. Elles nous invitent à partager ces découvertes avec les enfants afin qu'ils comprennent le fonctionnement de leur cerveau et qu'ils abordent de façon positive les erreurs.

En effet, le cerveau humain ne cesse de se modifier, il est plastique – on parle de **plasticité cérébrale** –, nous pouvons donc développer de nouvelles compétences en travaillant. Il n'y a pas de fatalité. Notre cerveau est programmé pour apprendre, et se construit en fonction de son environnement et des zones du cerveau qui sont sollicitées. Il n'est pas figé une bonne fois pour toutes, bien au contraire, il ne cesse de se régénérer. Tout au long de la vie, notre cerveau est capable de changer et de s'adapter.

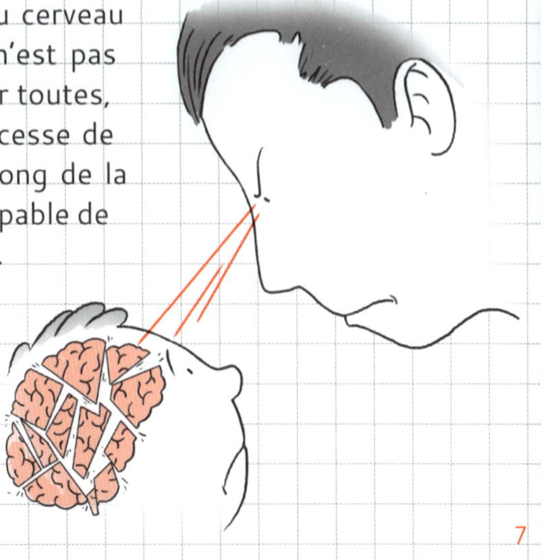

Les neurosciences affectives, de leur côté, nous montrent comment les émotions jouent sur l'attention, la mémorisation et la prise de décisions. Le stress perturbe le développement harmonieux du cerveau. Un enfant qui a peur ne peut apprendre. La peur bloque les processus d'apprentissage. Si le respect qu'inspire l'adulte passe par la peur, c'est terrible !

Comment parler de l'importance de l'attention ou encore de l'écoute à votre enfant ?

Pour bien comprendre et faire comprendre ce qu'est l'attention, si l'on peut comparer notre cerveau à un muscle, il faut alors l'entraîner régulièrement pour le rendre plus attentif. En effet, tout comme le sportif s'exerce pour mieux jouer et améliorer ses performances, nous pouvons aussi nous entraîner à développer nos capacités d'attention ! C'est par cette répétition que nous devenons plus performants. Plus nous sollicitons notre cerveau, plus il se crée alors de nouveaux réseaux neuronaux et plus nous devenons efficaces.

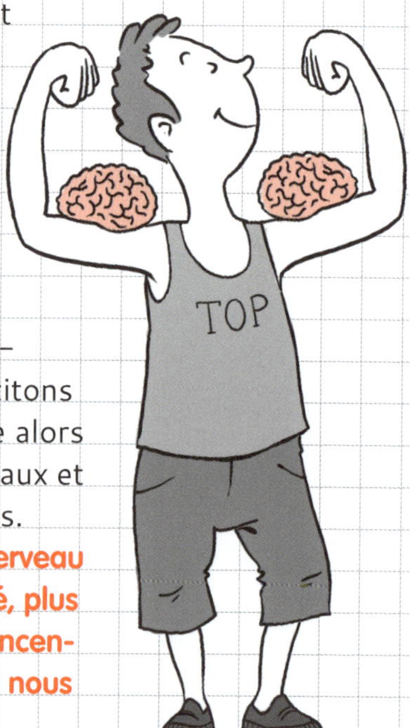

Plus nous entraînons notre cerveau à devenir attentif ou concentré, plus notre attention et notre concentration se renforcent, et plus nous devenons performants.

Testez-vous !

Avant de poursuivre, prenez le temps de faire cet exercice de concentration sur une feuille de papier :
Durée : 1 minute 30

1. Lisez tout avant de commencer.
2. Écrivez votre prénom en haut à gauche.
3. Dessinez quatre carrés au milieu de la page.
4. Mettez une croix dans chaque carré.
5. Entourez chaque carré d'un cercle.
6. Tracez un cercle en bas de la page à droite.
7. Tracez un triangle autour de ce cercle.
8. Dessinez une fleur en bas à gauche.
9. Calculez, entre la fleur et les carrés, 436 x 7 =
10. Entourez le mot « carré » dans chacune des phrases ci-dessus.
11. Après avoir tout lu, ne suivez que la consigne 2.
12. Bravo, vous avez bien appliqué les consignes.

Je capte

Le langage non verbal

La communication ne se limite pas à la parole. Les mots ne compteraient que pour 7 % dans la communication. **La communication non verbale** comprend tout ce que vous faites et montrez aux autres. En général, les enfants sont habiles pour deviner les messages non verbaux des adultes. En effet, ce qu'ils captent en premier, c'est votre attitude. Vous devez donc maîtriser au mieux ce langage si vous voulez capter davantage leur attention !

Il est important que vous soyez cohérent(e) entre vos demandes verbales et votre attitude corporelle. Lorsque vous sollicitez l'attention d'un groupe d'enfants, posez-vous, ne bougez plus. Votre attitude a une influence sur la qualité des interactions.

Observez-vous !

Pour capter votre auditoire, quand vous voulez que l'on vous écoute, comment faites-vous ? Que dites-vous ? Que ressentez-vous (crispation, tension, chaleur, etc.) ?

Pour capter l'attention

- Misez sur vos gestes, votre posture, votre sourire, votre regard, vos mains et votre voix. Soyez vivant(e) et enthousiaste. **Regardez chacun des enfants à tour de rôle.**
- Synchronisez-vous, c'est-à-dire mettez-vous en miroir avec l'enfant qui n'écoute pas pour l'aider à capter son attention.

Voici **neuf astuces** pour améliorer votre communication non verbale afin de capter l'attention des enfants.

Dans un premier temps, placez-vous face au groupe d'enfants.

1. Appuyez-vous fermement sur vos deux jambes, pointes des pieds dirigées vers l'avant.
2. Cessez de bouger.
3. Donnez une consigne brève (ou un signal) pour solliciter leur attention.

Ensuite, **faites une pause,** puis continuez.

4. Jetez un coup d'œil rapide sur chacun des enfants pour établir un contact visuel.
5. Modifiez le ton, le débit, le volume de votre voix afin qu'ils soient en accord avec votre communication non verbale. Évitez le ton monocorde qui pousse au décrochage. Osez les silences !
6. Maintenez le corps droit et la tête haute.
7. Incorporez des gestes (hochements de tête, mouvements de la main) à votre discours et changez

l'orientation de votre corps. Soyez dynamique et ouvert(e). Gardez les mains libres afin qu'elles bougent. Faites des gestes amples, déplacez-vous.

8. Ayez une attitude chaleureuse et souriez.
9. Soignez votre apparence. Portez des vêtements dans lesquels vous vous sentez bien et fort(e). Les détails vestimentaires envoient des signaux à notre esprit et à notre entourage.

Devant un comportement inacceptable, manifestez votre désaccord par un langage corporel plus ferme.

Maintenez **un regard et une attitude déterminés** envers l'enfant en question. Froncez les sourcils. Croisez les bras. Montrez-lui vos yeux ou vos oreilles pour lui signaler qu'il doit écouter.

Entraînez-vous !

- Placez-vous devant un miroir et entraînez-vous. Veillez à vos pieds, votre tête, vos gestes et votre regard. Sentez-vous bien dans votre corps. Faites des gestes amples. **Souriez-vous !**
- Continuez, pendant plusieurs jours, afin d'intégrer l'ensemble de ces astuces. **Soyez persévérant(e) et confiant(e).**

Pour mieux maîtriser ces astuces, répétez-les au moins pendant trois semaines.

Vous allez ici créer une carte magique de visualisation vous permettant d'atteindre votre objectif, à savoir capter l'attention des enfants. Munissez-vous de divers crayons, magazines, ciseaux, colle. Représentez-vous (dessin ou photo) en train d'atteindre cet objectif. Décrivez le plus possible ce que vous vivez (dessin et/ou texte) et ressentez. Mettez-y de la couleur. Vous vous sentez confiant(e) / vous dominez bien votre sujet / vous êtes à l'aise voire habité(e) / les enfants sont heureux, intéressés, captivés. Collez des images ou faites des dessins qui évoquent votre objectif atteint.
Contemplez cette carte aussi souvent que nécessaire. Visualisez-vous en train de vivre cela.

Je capte l'attention des enfants ici et maintenant.

Ma carte de visualisation

Le pouvoir de la voix

Trop criarde, trop aiguë, trop nasillarde… Il y a des voix qui captent et d'autres qui agacent et peuvent même être difficiles à comprendre. Il est nécessaire de prendre soin de la vôtre, mais aussi de la « travailler », car c'est un outil de communication essentiel.

- **Apprenez à rendre votre voix plus audible, plus claire et plus expressive.** Exercez-vous à mieux contrôler votre souffle, à bien articuler, à mieux poser et projeter votre voix afin d'acquérir une plus grande aisance verbale. Une excellente diction est fondamentale pour capter et se faire comprendre !

Soufflez !

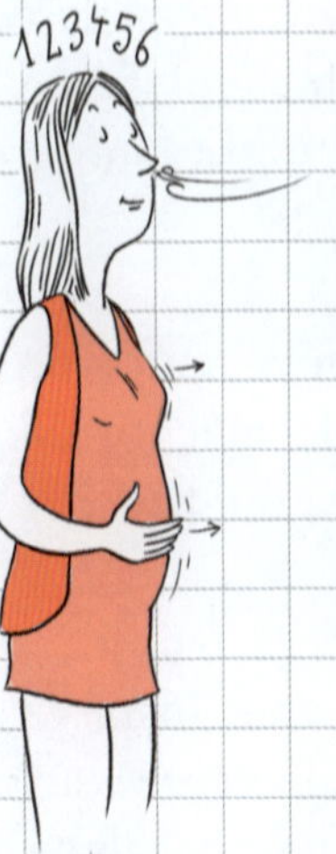

Expirez

Posez une main sur votre ventre. Inspirez par le nez en gonflant le ventre puis la poitrine, tout en comptant mentalement jusqu'à 6. Votre ventre se gonfle comme un ballon. Expirez par la bouche légèrement entrouverte lentement en creusant le ventre et en comptant aussi jusqu'à 6 mentalement. Recommencez trois fois de suite.

Inspirez profondément

Cette fois-ci, retenez votre respiration pendant 15 secondes avant de souffler. Augmentez, si vous le pouvez, la durée de rétention de l'air : 20 secondes, puis 30 secondes, enfin 45 secondes.

Bâillez de manière énergique

Bâillez en ouvrant bien la bouche et en expulsant le son « aaahh » qui vient du fond de la gorge tout en massant les articulations de votre mâchoire. Cette activité évacue les tensions au niveau de la mâchoire. Répétez cela plusieurs fois de suite.

Astuce : pour bien respirer et bien parler, la posture compte aussi ! Tenez-vous droit(e), la tête levée et les épaules en arrière.

Articulez !

- **Pour muscler votre langue et améliorer votre diction,** placez un stylo horizontalement dans votre bouche le plus loin possible. Répétez des phrases en plaçant votre langue tantôt au-dessus tantôt en dessous du stylo.

- Grimacez, faites de larges mouvements de mastication (faites semblant de mâcher un chewing-gum), tirez la langue pour toucher votre nez ou votre menton.

- Buvez un peu d'eau, inspirez profondément et exercez-vous à prononcer des virelangues, d'abord lentement et peu à peu à une vitesse de conversation normale. **Exagérez la prononciation des mots.**

> **Astuce :** entraînez-vous à bien ouvrir la bouche quand vous parlez.

Le ton de la voix

Entraînez-vous à parler avec enthousiasme et à insister sur les mots importants. Vivez pleinement ce que vous dites. Modulez votre voix. Parlez assez fort. Souriez, ne serait-ce qu'intérieurement.

Prononcez cette phrase en souriant :

Je suis fièr(e) de la mission que j'ai à accomplir auprès des enfants. Je l'assume avec enthousiasme, confiance et joie.

Le masque !

Afin d'avoir une voix plus grave, plus pleine et ne pas crier pour vous faire entendre, parlez dans votre masque ! Exercez-vous à parler jusqu'à ressentir des vibrations dans cette zone. Pendant cet entraînement, n'hésitez pas à toucher votre nez et vos lèvres pour bien percevoir les vibrations. Le masque est la zone qui se situe entre les deux lèvres et le nez. En parlant dans son masque, on a l'impression que le son se forme sur les deux lèvres.

Le choix des mots : la Communication NonViolente®

Si la voix peut capter l'attention par l'émotion qu'elle véhicule, les mots ne sont cependant pas en reste. Il y a des mots qui attirent et d'autres qui éloignent. Des mots qui blâment et qui jugent, blessent et détournent l'attention. C'est dans l'intention de créer une relation bienveillante avec les autres, de dialoguer de manière positive et sans porter de jugement, que Marshall B. Rosenberg, psychologue humaniste américain (1934-2015), a mis en place dans les années 1960 le processus de la Communication NonViolente® (CNV). Avec ce langage, chacun peut se donner le maximum de chances d'obtenir ce qu'il souhaite. Les paroles humiliantes sont délétères, les ordres paralysent. Cette méthode permet de ne pas réagir sous le coup d'une forte émotion, ce qui romprait toute communication. Elle permet aussi d'**exprimer ses besoins autrement que de manière injonctive** (« fais pas ci / fais ça ! »). « Écoute », « concentre-toi », « sois attentif » : tous ces mots auront un effet négatif sur l'enfant.

Marshall Rosenberg a imaginé deux personnages (le chacal et la girafe) pour nous faire comprendre les deux façons de communiquer avec autrui.

Le chacal hurle pour communiquer. Il juge, critique, manipule, menace, exige, accuse, culpabilise, toise, se plaint constamment...

La girafe observe sans juger, exprime ses sentiments sans rendre l'autre responsable. Elle parle avec son cœur.

Alors, êtes-vous plutôt chacal ou girafe ? Illustrez votre réponse par un exemple concret.

Cette prise de conscience est fondamentale pour modifier ou parfaire votre façon de communiquer. **Il est possible de transformer son langage chacal en langage girafe.**

Pour pratiquer le langage girafe, la solution consiste à utiliser la règle OSBD :

1. **Observer** la situation, les faits sans juger. Décrivez ce que vous voyez sans critiquer.
2. **Sentiment**. Exprimez éventuellement votre sentiment (provoqué par la situation) en disant « je ».
3. **Besoin.** Exprimez votre besoin en termes positifs. « J'ai besoin de… » Chaque sentiment éprouvé provient d'un besoin.
4. **Demande.** Demandez sans exiger.

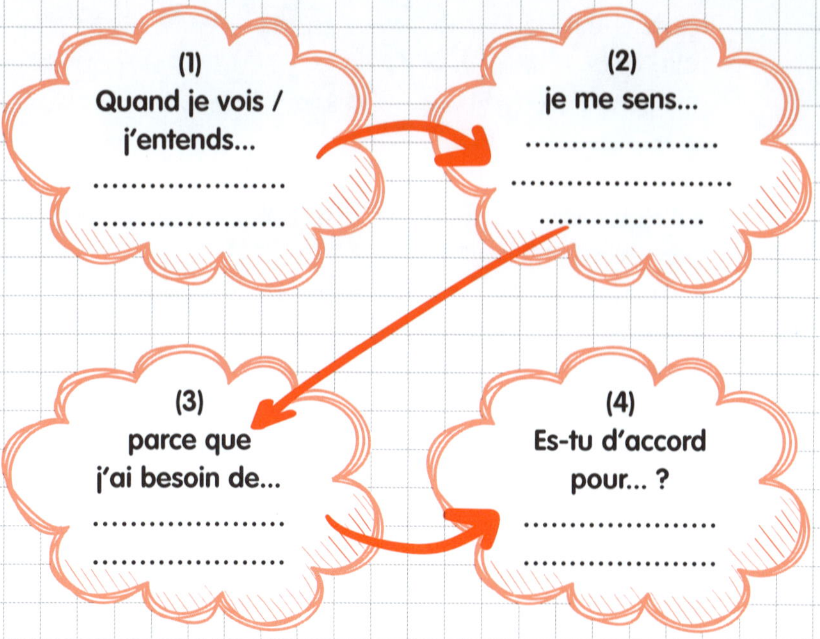

Voici un exemple :
« Quand je vois tes livres et tes cahiers par terre, je me sens agacé(e) parce que j'ai besoin de travailler dans un espace bien rangé. Es-tu d'accord pour ranger tes affaires dans ton bureau ? »

- Il est important de privilégier le « je » au « tu ».

- Observez et décrivez les faits en excluant toute critique ou jugement (les mots tels que : « encore », « toujours » ou « comme d'habitude » induisent une forme de jugement).
Vous exigez ou ordonnez, quand vous ne donnez pas le choix à l'enfant : « Je veux que... », « Il faut... ».
Aussi, formulez des demandes à la forme affirmative (bannissez le « ne pas » : « Je ne veux pas que tu parles ! »). Dites clairement et concrètement ce que vous voulez et non ce que vous ne voulez pas : « J'aimerais que tu fasses... (décrivez l'action spécifique que vous voulez que l'enfant fasse), crois-tu que cela soit possible ? », « Pourrais-tu / crois-tu que tu pourrais... (décrire l'action) ? »

- Dans une demande expresse, il est préférable de faire des phrases courtes prononcées sur un ton neutre.

- Quand cela est possible, utilisez l'humour et lancez des défis.

- L'autre - l'enfant ou les enfants - n'est pas responsable de ce que vous ressentez. La cause de votre colère, par exemple, est le résultat d'un besoin non satisfait. Respirez, accueillez cette émotion et identifiez votre besoin. Ensuite, utilisez un langage d'actions positives à réaliser pour formuler une demande claire. Posez-vous la question : qu'est-ce que je veux que cet enfant fasse et pour quelle(s) raison(s) ?

- Soyez attentif(ve) à votre tour aux besoins des enfants. Accueillez leurs émotions dans le calme. En répondant aux besoins des enfants, il est plus facile de mobiliser leur attention et leur concentration.

Entourez les phrases qui expriment pour vous clairement un besoin selon les critères de la CNV.

a. Tu m'exaspères quand tu fais des taches sur tes cahiers.

b. J'aimerais que tu te taises quand je parle.

c. Je suis contente que tu aies rangé tes affaires dans ton bureau, car j'ai besoin de travailler dans un endroit bien rangé.

d. Je suis déçu(e) que tu n'aies pas fini ton travail.

Réponses : seule la phrase c exprime de manière claire le sentiment et le besoin qui en découle.
a. Quand je vois ces taches sur ton cahier, je suis exaspéré(e) car j'ai besoin de propreté.
b. J'ai besoin de silence / de calme.
d. Je suis déçu(e) car j'ai besoin de ton implication dans le respect des consignes.

Après avoir formulé le besoin, il est important de formuler une demande concrète.

Entourez les phrases qui expriment pour vous clairement une demande selon les critères de la CNV.

a. Je veux que tu écoutes !

b. Es-tu d'accord pour poursuivre ce travail comme je te l'ai indiqué ?

c. J'aimerais que tu participes plus souvent en classe.

d. Je veux que tu me dises toute la vérité !

Réponses : la phrase b exprime une demande claire. Les phrases a et c expriment des exigences. La demande de la phrase c n'est pas assez précise ni concrète.
a. Serais-tu d'accord pour me dire ce que tu as entendu... ?
c. Serais-tu d'accord pour participer deux fois pendant la classe ?
d. Es-tu d'accord pour me dire ce qui s'est passé ?

Le but de la CNV est que l'autre accède à votre demande de façon délibérée. Il peut dire "non" à votre requête. Il faut l'accepter et trouver ensemble une solution pour que les besoins de chacun soient satisfaits.

À vous de corriger ces formulations. Complétez le tableau suivant à l'aune de vos connaissances en communication.

Les mots qui ferment l'écoute. À bannir :	Les mots qui ouvrent l'écoute. À privilégier :
1. Tu parles trop !	
2. Tes affaires sont encore par terre.	
3. Léa, écoute, au lieu de rêvasser !	
4. Paul, on t'attend comme toujours, sors ton crayon !	
5. Vous me fatiguez !	
6. Vous faites trop de bruit !	
7. NON, je t'ai dit non !	
8. Ne courez pas dans le couloir !	
9. Mais dépêchez-vous, vous mettez trop de temps à sortir vos affaires !	
10. Oui, tu pourras sortir, mais d'abord tu finis ton travail !	

Réponses : vous pouvez bien sûr intégrer dans vos réponses les quatre composantes de la CNV : OSBD. Ici, seules les formulations citées seront corrigées.

1. J'ai besoin de silence (formulez ensuite une demande claire).
2. As-tu besoin d'aide pour ranger tes affaires ?
3. Léa (montrez vos yeux et vos oreilles).
4. Paul, crayon !
5. Je me sens fatigué(e), j'ai besoin de calme.
6. J'ai besoin de silence.
7. STOP ! (En général, les enfants ne comprennent pas les phrases négatives, préférez « stop » qui est moins blâmant.)
8. Marchez dans le couloir !
9. Allez-vous battre votre record et mettre encore moins de temps à sortir vos affaires ? (C'est un défi. Encouragez et souriez !)
10. Oui, tu pourras sortir quand tu auras fini ton travail ! (Préférez le « Oui... quand... » au « Oui... mais... » qui est plus agressif.)

Les neurones miroirs

Ce que vous faites, a une incidence sur les enfants. Cette découverte a été établie par l'équipe scientifique du neurologue italien Giacomo Rizzolatti, dans les années 1990, en identifiant l'existence des « neurones miroirs ».

Les neurones miroirs sont une catégorie de neurones qui permettraient de se voir agir, comme dans un miroir, à la place de l'autre. Les enfants répètent les mots, les gestes et les situations qu'ils vivent. Ils rejouent en permanence ce qui se déroule devant leurs yeux.

Nous sommes donc, pour les enfants, des modèles. **L'enfant apprend par imitation. Il reproduit ce qu'il perçoit !**

Aussi, notre façon de parler et notre comportement doivent-ils être exemplaires !

Arrêtez-vous un instant pour réfléchir au modèle que vous voulez être pour les enfants. Que voulez-vous leur transmettre ? (Par exemple : un langage précis, le sens de l'écoute, la politesse, de l'empathie, etc.)

Qu'est ce qui vous empêcherait d'atteindre cet idéal ? Ou qu'aimeriez-vous améliorer ?

Tout se transmet !

Quand nous sommes bien dans notre tête et dans notre corps, nos neurones miroirs s'activent et rendent les émotions contagieuses. Nous sommes alors en totale communion avec notre entourage. Il se produit malheureusement le même phénomène quand nous sommes énervés. Nos émotions désagréables sont transmises aux enfants. La tendresse s'apprend, tout comme la violence !
Identifier nos propres émotions permet de mieux les accepter et de mieux comprendre celles de notre entourage.
Sachez recevoir vos propres émotions pour mieux accueillir celles des enfants.

« La folie,
c'est se comporter de la même manière
et s'attendre à un résultat différent. »

Albert Einstein

Les émotions de base sont la joie, le dégoût, la tristesse, la colère, la surprise et la peur, auxquelles on ajoute le mépris.

Reconnaissez-vous ces émotions[2] ? Dans quelle situation les avez-vous déjà ressenties ?

1. La joie	2. Le dégoût
3. La tristesse	4. La colère
5. La surprise	6. La peur

Il arrive parfois que nous nous sentions submergés par des émotions désagréables et qu'une envie soudaine de hurler surgisse. Oui, cela peut faire du bien de crier, parfois ! Mais sur un enfant ou un groupe d'enfants, l'effet escompté sera totalement négatif, voire délétère !

Demandez-vous si votre requête d'attention est en adéquation avec les possibilités des enfants.

Quand une émotion désagréable vient frapper à votre porte, accueillez-la et souhaitez-lui la bienvenue. L'accueillir suffit souvent à la faire disparaitre.

Votre lieu ressource

Dessinez, ou collez ici une photo qui évoque pour vous le calme. Regardez le dessin ou la photo et imprégnez-vous de ce bien-être !

La respiration

Installez-vous assis(e), debout ou couché(e). Posez une main sur la poitrine et l'autre sur le ventre. Expirez profondément puis inspirez (gonflez le ventre, le thorax et les épaules). Expirez très, très lentement. Puis accompagnez votre respiration d'un geste (inspiration : bras fléchi, poing sur l'épaule ; expiration : bras tendu devant soi). Recommencez cinq fois de suite et aussi souvent que nécessaire. Inspirez le calme. Visualisez votre lieu ressource.

Les Fleurs de Bach®

Déposez sur la langue quelques gouttes de l'élixir Impatience *(Impatiens glandulifera)*.

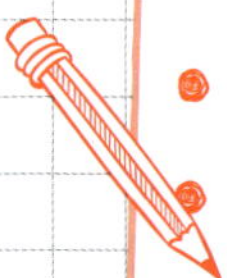

Faites la liste de toutes les activités qui vous font ressentir des émotions agréables et qui rendent votre bien-être contagieux :

- ....
- ....
- ....
- ....
- ....
- ....
- ....

Le VAK[3]

Nous avons tous un sens dominant. D'après les statistiques, la majorité des personnes seraient **visuelles (V)**, viendraient ensuite les personnes **auditives (A)** et, en plus petit nombre, **les kinesthésiques (K)**. Bien sûr, ces trois sens **(VAK)** cohabitent en permanence à des degrés divers en fonction des personnes.
Le vocabulaire que nous utilisons est différent d'un individu à l'autre en fonction de son canal dominant.

Pour capter l'attention d'un enfant, il est important de connaître son canal principal. L'observation nous permet souvent de l'identifier. Vous pourrez ainsi adapter votre vocabulaire. De cette façon, vous capterez plus aisément son attention.

Quel est votre profil dominant ? Entourez les expressions que vous dites spontanément.

C'est évident

Je vois ce que tu veux dire

J'entends bien ce que tu dis

J'ai du flair

C'est clair

J'ai du cœur

Ça sonne faux

J'ai les pieds sur terre

C'est vague

J'enregistre

Montre-moi

Je suis d'accord

C'est un choc

« C'est évident », « Je vois ce que tu veux dire », « C'est clair », « Montrez-moi » et « C'est vague » relèvent du **sens visuel.**

« Ça sonne faux », « Je suis d'accord », « J'entends bien ce que tu dis » et « J'enregistre » relèvent du **sens auditif.**

« J'ai du flair », « J'ai les pieds sur terre », « C'est un choc » et « J'ai du cœur » relèvent du **sens kinesthésique.**

Maintenant que vous avez pris conscience de votre canal dominant, ne privilégiez aucun profil ! Pour capter l'attention de tous, alternez entre ces trois canaux.

CHANGEZ DE CANAL SI UN ENFANT NE SEMBLE PAS CAPTER CE QUE VOUS LUI DITES.

Pas une intelligence, mais plusieurs !

Il n'existe pas une intelligence unique et universelle, mais plusieurs intelligences. Le psychologue américain Howard Gardner, père de la théorie des intelligences multiples, a identifié **huit formes d'intelligences** (appelées aussi aptitudes ou talents). Nous sommes tous dotés à notre naissance d'un bouquet d'intelligences, mais nous n'en utilisons que quelques-unes. Prendre conscience de ses intelligences dominantes permet, non seulement, d'identifier celles que nous utilisons plus spontanément, mais aussi, de développer celles qui sont plus en retrait. Il est important de solliciter un maximum de ces intelligences (mais pas toutes à la fois) pour capter l'attention d'un groupe d'enfants.

« Tout le monde est un génie. Mais si vous jugez un poisson à sa capacité à grimper aux arbres, il passera sa vie entière persuadé qu'il est complètement stupide. »

Matthew Kelly (auteur et conférencier)

Un bouquet d'intelligences :

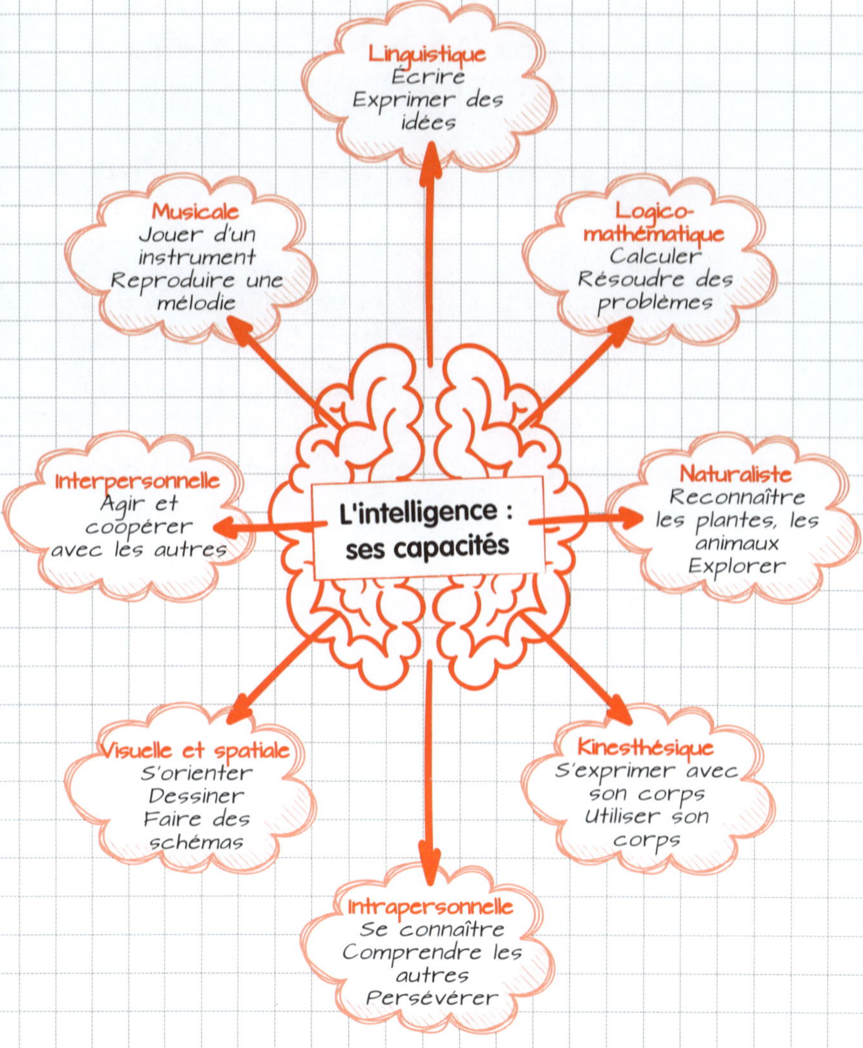

Cochez les énoncés qui vous décrivent parfaitement pour connaître votre bouquet d'intelligences (profil IM).

- ○ 1. J'aime travailler dans un espace bien rangé et organisé.
- ○ 2. J'aime faire du sport.
- ○ 3. Je peux facilement nommer le nom des arbres ou des plantes.
- ○ 4. J'aime faire des puzzles ou des jeux de construction.
- ○ 5. Je connais mes points forts et mes points faibles.
- ○ 6. J'aime écrire.
- ○ 7. J'aime travailler en groupe.
- ○ 8. J'aime mettre de la couleur dans mes prises de notes (ou leçons).
- ○ 9. Je connais plusieurs chansons.
- ○ 10. J'aime apprendre de nouvelles choses pour m'améliorer, me perfectionner.
- ○ 11. Je m'aperçois facilement quand mon enfant (ou une autre personne) ne se sent pas bien.

- ○ 12. J'aime parler. Je parle facilement.
- ○ 13. J'aime bricoler.
- ○ 14. J'aime me lancer des défis ou me fixer des objectifs.
- ○ 15. Il m'est difficile de rester assis(e) sans bouger.
- ○ 16. J'aime collectionner des éléments de la nature (coquillage, feuilles, etc.).
- ○ 17. La musique m'aide à me concentrer. J'aime être entouré(e) d'un fond sonore.
- ○ 18. J'aime rencontrer de nouvelles personnes, faire de nouvelles connaissances.
- ○ 19. J'ai un bon sens de l'orientation. Je lis facilement les plans.
- ○ 20. J'aime faire des activités en plein air (marche, vélo, etc.).
- ○ 21. J'aime écouter des histoires.
- ○ 22. Je me passionne pour les découvertes scientifiques.
- ○ 23. Je suis sensible aux sons qui m'entourent (chant des oiseaux, vent, etc.).
- ○ 24. Je compte facilement mentalement.

Réponses

Entourez les numéros que vous avez cochés puis comptez le total obtenu pour chaque intelligence. Notez-le dans la colonne TOTAL.

Intelligence	Énoncés	TOTAL
Linguistique	6, 12, 21	
Logico-mathématique	1, 22, 24	
Kinesthésique	2, 13, 15	
Spatiale	4, 8, 19	
Musicale	9, 17, 23	
Interpersonnelle	7, 11, 18	
Intrapersonnelle	5, 10, 14	
Naturaliste	3, 16, 20	

Quelles sont vos intelligences dominantes, c'est-à-dire celles que vous utilisez le plus, sûrement inconsciemment ?

....

....

Chez les enfants, c'est l'observation qui nous permet de déterminer le profil IM (surtout avant 7 ans). Attention à ne pas enfermer l'enfant. Mais **s'il a une, ou même plusieurs intelligences dominantes, toutes sont à « alimenter ».**

La surprise, la magie

On capte plus facilement l'attention si l'on présente à un groupe d'enfants des informations intéressantes, motivantes et nouvelles. Mais aussi si l'on met un peu de magie dans leur vie. **En créant de la surprise, on crée des conditions d'attention !**

Voici quelques idées pour créer la surprise :

- changez votre vocabulaire ;
- modifiez votre voix ;
- mimez ;
- lancez des défis ;
- jouez l'amnésie volontaire ou l'aphonie ;
- utilisez des accessoires (marionnettes...) ;
- utilisez le **kamishibaï** ;
- tirez un objet d'un sac, d'un coffre ou d'une valise pour lancer une nouvelle activité, portez un accessoire en rapport avec l'activité ;
- racontez une histoire ;
- fabriquez-vous un tablier avec plusieurs poches. Tirez une carte ou un objet de chacune des poches au fur et à mesure que vous parlez.

Le kamishibaï, est également nommé théâtre d'images. Cette technique pour conter vient du Japon. Cela consiste à faire défiler des images dans un petit théâtre de bois : le butaï.

Amusez-vous à dresser ici une liste de surprises que vous pourriez mettre en place :

- ....
- ....
- ....
- ....
- ....
- ....
- ....
- ....
- ....
- ....
- ....
- ....
- ....
- ....
- ....

Règles, codes et signaux sonores ou visuels

Les enfants adorent les règles. Fixez une ou des règles simples pour solliciter leur attention. Ce code (ou cette règle), que vous fixerez avec eux, doit être expliqué et répété avant d'être parfaitement intégré ! Il est important aussi pour les enfants de savoir ce que vous attendez d'eux.

Voici quelques idées :

- tapez dans vos mains ;
- utilisez un instrument de musique ;
- mettez de la musique ;
- levez la main et attendez sans bouger et en silence que tous les enfants lèvent la main à leur tour.

À vous de compléter :

Présentez le code ou la règle de votre choix et expliquez sa fonction.

Quand vous entendez le tintement de la clochette, arrêtez ce que vous faites et regardez moi en silence !

Quand je……………………………
……………………………………
Arrêtez ce que vous faites et……………………
……………………………………
……………………………………

Quand je……………………………
……………………………………
Arrêtez ce que vous faites et……………………
……………………………………
……………………………………

Quand je……………………………
……………………………………
Arrêtez ce que vous faites et……………………
……………………………………
……………………………………

Quand je……………………………
……………………………………
Arrêtez ce que vous faites et……………………
……………………………………
……………………………………

Parmi la liste énumérée page précédente, soulignez les idées que vous pourriez ajouter à votre façon de faire. Puis dressez ici le bilan de cette pratique :

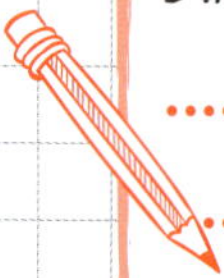

Je capte l'attention : faisons le point

L'attention fluctue et cela est normal. Il ne sert à rien de réprimander un enfant pour cela.

Les adultes que nous sommes doivent être bienveillants et s'adapter à l'âge des enfants.

C'est normal que certains « décrochent » plus vite. Cela correspond au stade de développement de leur cerveau.

Pour aider l'enfant à être attentif, il est nécessaire de créer un **environnement** propice, c'est-à-dire motivant, tranquille, dans lequel il se sent en sécurité.

Maintenant, regardez autour de vous !

Le lieu dans lequel vous évoluez avec les enfants vous convient-il ?

....

Est-il agréable ?

....

Bien rangé ?

....

Fonctionnel ?

....

N'est-il pas trop encombré ?

....

Existe-t-il des sources de distraction ?

....

....

Comment pourriez-vous rendre cet environnement encore plus fonctionnel et agréable pour favoriser l'attention des enfants ?

Il est possible de maintenir l'attention des enfants avec les ingrédients suivants :

- en définissant clairement ce que vous attendez d'eux au cours d'une activité ;
- en leur demandant de reformuler l'objectif énoncé ;
- en racontant des histoires ou anecdotes pertinentes voire personnelles, riches en émotions et liées au sujet ;
- en faisant régulièrement des pauses créatives (jouer, chanter, bouger, boire de l'eau, etc.) pour relancer l'attention et la concentration. Au bout de 10 minutes, l'attention décroît quel que soit l'individu.

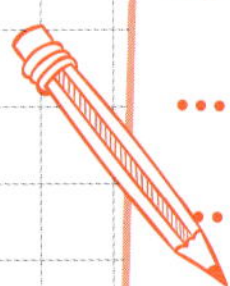

À partir des ingrédients cités ci-dessus, à vous de faire une mise en activité réussie. Choisissez un thème. Quel est votre objectif ?

Indiquez ici le titre de votre séance :

....

1. Formulez votre objectif à l'attention des enfants :

« Aujourd'hui, vous allez apprendre à... »

....

« À la fin de l'activité, vous serez capable de... »

....

2. Faites-leur reformuler l'objectif :

« Qu'allez-vous apprendre aujourd'hui ? »

....

« Que serez-vous capable de faire à la fin de l'activité ? »

....

3. Inventez une anecdote ou une histoire liée au sujet pour accrocher l'auditoire en cas de baisse d'attention. Soyez créatif(ve) :

....

4. Imaginez une pause, sous quelle forme (jouer, chanter, bouger[4]...) ?

....

Lancez-vous un ou des défis chaque jour.

Jour	Mon objectif : pour quelle(s) activité(s) est-ce que je veux capter tout mon auditoire ?	Que mets-je en œuvre pour atteindre mon objectif* ?	Objectif atteint ? Oui /non
Lundi			
Mardi			
Mercredi			
Jeudi			
Vendredi			

*Veillez à l'environnement, variez les supports et utilisez divers outils cités dans la première partie de cet ouvrage.

Savourez le plaisir d'avoir atteint votre objectif.

Imprégnez-vous des phrases suivantes et répétez-les mentalement ou à haute voix en les coloriant :

JE FOCALISE MON ATTENTION SUR CE QUI FONCTIONNE BIEN.

J'ENTREPRENDS TOUT CE QUE JE FAIS AVEC ENTHOUSIASME.

JE SUIS FIÈRE DE LA MISSION
QUE J'AI À ACCOMPLIR
AUPRÈS DES ENFANTS.
JE L'ASSUME AVEC ENTHOUSIASME,
CONFIANCE ET JOIE.

Je renforce

En utilisant régulièrement ces outils pour vous aussi, vous verrez votre attention et votre bien-être décupler !
Soyez le « passeur » de ces outils. La meilleure façon de les transmettre aux enfants, c'est de leur montrer que, vous aussi, vous les utilisez !

« L'exemple n'est pas le meilleur moyen de convaincre, c'est le seul. »
Gandhi

De Mozart à Tomatis

Alfred Tomatis (médecin français, 1920-2001) a démontré dans ses travaux que la musique de Mozart est très stimulante pour le cerveau et qu'elle accroît la concentration. Tous les morceaux de musique à base de piano, de hautbois, de flûte ou de violon sont aussi intéressants pour une meilleure attention. Ainsi, **mettre un fond sonore pendant une activité favorise la concentration et l'apprentissage.** Dans tous les cas, choisissez des musiques répétitives et non des airs qui donnent envie de bouger ou de chanter[5]. La musique classique favorise la concentration, comme certaines musiques électroniques sans voix.

Élaborez une playlist en tenant compte du goût et de la sensibilité des enfants. Ne vous limitez pas. Vous pouvez aussi utiliser des bruits de la nature (pluie, oiseaux, etc.).

- ....
- ....
- ....
- ....
- ....
- ....
- ....
- ....
- ....
- ....
- ....

Astuce : n'oubliez pas aussi de ménager des plages de silence complet. Nos oreilles, qui sont si précieuses, en ont besoin. Deux heures de silence par jour sont préconisées par les spécialistes de l'audition.

La technique Pomodoro

C'est pour réussir à maintenir son attention pendant un certain temps et planifier son travail qu'un étudiant italien, Francesco Cirillo, a créé **la technique Pomodoro** dans les années 1980. Le nom de la technique vient du minuteur en forme de tomate qu'il utilisait alors. En effet, *pomodoro* signifie « tomate » en italien.
Voici comment utiliser cette technique.

1. Munissez-vous d'un minuteur.
2. Décidez du travail à effectuer.
3. Mettez-vous d'accord sur le temps nécessaire pour effectuer ce travail. La technique Pomodoro fixe des périodes de 25 minutes appelées *pomodori* mais, pour les plus petits, c'est trop long ; référez-vous au tableau ci-dessous pour connaître les capacités d'attention d'un enfant.
4. Réglez le minuteur et les enfants se mettent à la tâche jusqu'à ce que le minuteur sonne.
5. Établissez une pause de 5 minutes minimum.
6. Recommencez si nécessaire (au bout de quatre temps de travail accumulés, proposez une pause plus longue).

Mon objectif	Temps	Nombre de pomodori

Les durées moyennes d'attention en fonction de l'âge :

Âge de l'enfant	Durée d'attention
Entre 5 et 6 ans	De 15 à 20 minutes
Entre 7 et 8 ans	De 20 à 30 minutes
Entre 9 et 10 ans	De 25 à 35 minutes
Entre 11 et 12 ans	De 30 à 40 minutes

Chanter !

Chanter fait du bien au corps et au mental, c'est bon pour la santé ! Chanter améliore la mémoire, développe la concentration, stimule les facultés cérébrales et augmente la confiance en soi. À partir du moment où l'on possède des cordes vocales, on peut chanter !
Pourquoi ne pas chanter entre deux activités qui demandent beaucoup d'attention ?

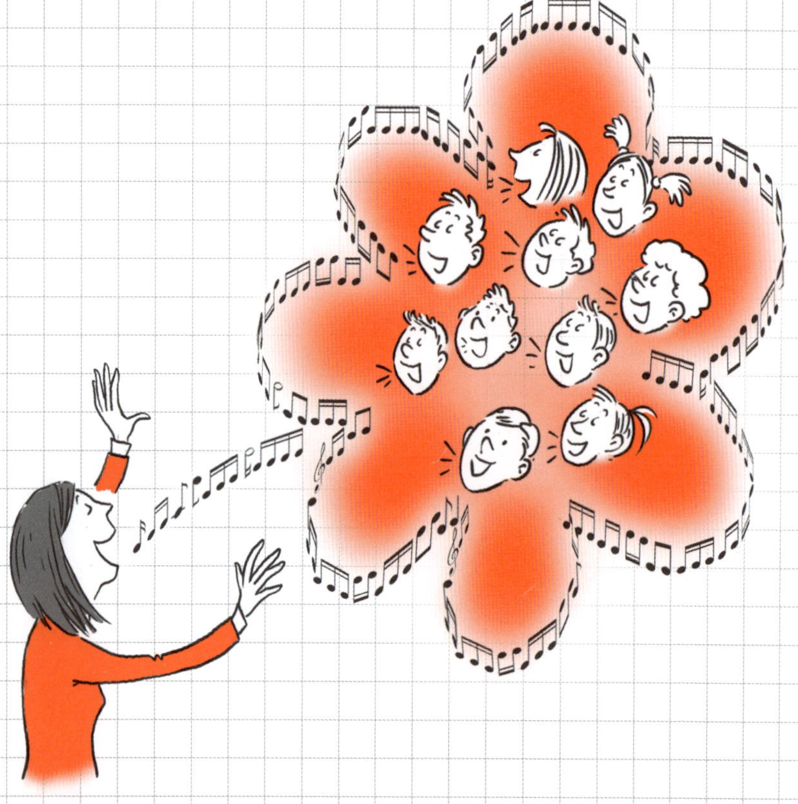

Apprenez par cœur les paroles de quelques chansons aux enfants (classiques ou autres). Faites la liste ici de chansons que vous voulez connaître :

- ....
- ....
- ....
- ....
- ....
- ....
- ....
- ....
- ....
- ....
- ....
- ....
- ....
- ....
- ....

Quelques idées pour chanter avec les enfants

- Inventez avec les enfants une chanson. Chantez-la régulièrement pour remobiliser l'attention au cours d'une journée.
- Apprenez des chansons faciles à retenir.
- Apprenez aux enfants les chansons de votre enfance pour leur transmettre cet héritage culturel.
- Chantez en canon, en modifiant les voix (grave, aiguë, forte, basse, lente, rapide), en solo, en duo, en mimant la chanson, etc.
- Chantez les leçons ou les règles à retenir.
- Chantez ou récitez le plus vite possible une comptine ou une poésie (bon entraînement pour la mémoire de travail).
- Chantez en karaoké.
- Sur un air connu de tous, chantez en imitant le cri d'un animal (attribuez un animal à chacun ou faites des groupes : poule, vache, canard, chien, chat, etc.).

Parmi ces activités, soulignez celles que vous aimeriez mettre en pratique. Testez-les !

Bouger renforce l'attention

La pratique d'une activité physique régulière est non seulement un excellent antistress, mais permet aussi aux enfants d'être plus attentifs et concentrés. En effet, l'exercice physique entraîne une meilleure oxygénation du corps et de ce fait améliore nos capacités cognitives.
Obligez-vous à bouger pour montrer aussi l'exemple. Accordez aux enfants ces pauses salutaires et dynamiques !

Faites la liste d'activités physiques que vous pourriez pratiquer, ne serait-ce que 5 minutes par jour (utilisez un minuteur) :

- ....
- ....
- ....
- ....
- ....
- ....

Quelques idées pour bouger de manière énergique pendant 5 minutes avec des enfants

- Rangez, nettoyez (pièces de la maison, classe) en 5 minutes top chrono !
- Dansez avec les enfants sur un air entraînant.
- Demandez aux enfants d'inventer une chorégraphie ou de créer un haka (petite danse chantée) à la manière des All Blacks.
- Courez ou marchez sur place.
- Marchez de différentes manières : comme un robot, comme une vieille personne, sur de la glace, en ayant peur…
- Pratiquez la salutation au soleil ou autres mouvements tirés du yoga.
- Inspirez-vous des exercices proposés par le Brain Gym[6].
- La marche croisée : debout, touchez le genou gauche avec la main droite puis le genou droit avec la main gauche. Poursuivez avec le coude (coude droit, genou gauche, puis coude gauche, genou droit).

- Faites ces mouvements très lentement tel un astronaute (yeux ouverts ou fermés) ou encore en musique en suivant le rythme (alternez rythmes lent et rapide).
- Faites les mêmes mouvements vers l'arrière (pied gauche, main droite, puis pied droit, main gauche) et sur les côtés (jambe droite sur le côté droit, bras gauche sur le côté gauche, puis inversez).

Que ressentez-vous quand vous pratiquez ces exercices, seul(e) ou avec des enfants ?

Jouons !

Jouer, c'est bon pour le cerveau ! Bien sûr, comme pour toute activité, c'est la régularité qui rend plus performant. Des jeux très classiques comme 1, 2, 3 soleil, Jacques a dit, le roi du silence, ni oui ni non, etc., musclent le cortex préfrontal (situé à l'avant du cerveau). Ce cortex préfrontal permet de faire attention, de réfléchir, de ne pas répondre trop vite ! Ces jeux dits d'inhibition – ils supposent la mise en place d'une règle pendant un laps de temps, règle qui est ensuite modifiée ou inversée – améliorent donc les capacités d'attention.

Testez vous-même les activités proposées ci-dessous. Vous pouvez facilement les reproduire à l'infini avec des enfants !

Quelques idées pour jouer avec des enfants

- Le jeu d'observation

Observez ces dessins pendant quelques secondes. Cachez-les et reproduisez-les (ou interrogez les enfants : combien y avait-il de triangles, de traits, de ronds, de carrés ?).

Épeler les mots

É-P-E-L-E-R les mots au lieu de les P-R-O-N-O-N-C-E-R. Faites des phrases entières et brèves. (Pour les plus petits, faites répéter la première syllabe d'un mot ou retirer la première syllabe : papillon → papapillon, pillon.)

Nommer

Observez autour de vous et trouvez dix objets qui commencent par la lettre A (ou une autre lettre). Lancez ce jeu sous forme de défi. Qui trouvera le plus d'objets dans la pièce qui commencent par la lettre… ? (Pour les plus petits, faites ce jeu avec les couleurs.)

Tracer

Tracez dix lignes ondulées avec plusieurs crayons de couleur. Ensuite repassez sur chacune des lignes avec l'index, lentement.

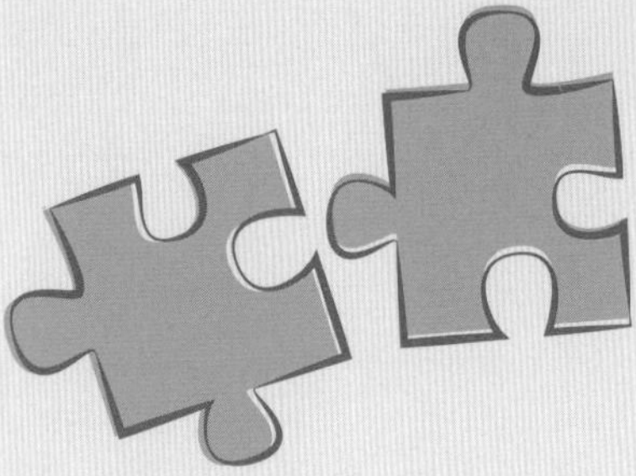

À l'envers

Écrivez des mots à l'endroit puis à l'envers.

À l'endroit	À l'envers
Lune	enuL
maison	nosiam
lapin	
chaton	
poule	

La symétrie

Il s'agit de dessiner avec les deux mains de façon symétrique. Prenez un crayon dans chaque main. Placez-vous devant une feuille ou un tableau. Partez du centre et dessinez ce que vous désirez avec vos deux mains en même temps.

À rebours

Comptez mentalement de 0 à 100 (ou de 0 à 20), puis de 100 à 0. Invitez l'enfant à fermer les yeux.

Bip

Comptez, pendant 20 ou 30 secondes, en remplaçant, tous les trois nombres, le nombre par le mot « bip » (ou tapez dans vos mains) : 1, 2, bip, 3, 4, bip...

• L'escargot (ou la spirale)

Poursuivez cette spirale pour faire un gros escargot :

(Tracez aussi cette spirale dans l'espace et mentalement.)

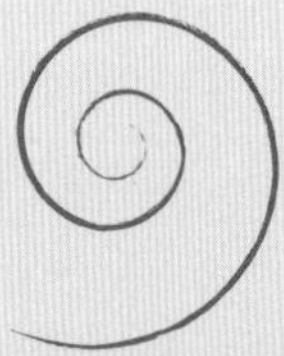

Jeu de rythme

Mémorisez ces symboles pour ensuite reproduire ces jeux de rythme.

Frappez dans vos mains suivant ces symboles :

−	○	+	×
un coup	deux coups	trois coups	quatre coups

Série 1 :

○ − + − ○ + ○ ○ + − + ○

Série 2 :

× − + × ○ × + − × +

Série 3 :

○ × − + × × − + ○ ×

À vous de créer d'autres séries (vous pouvez utiliser d'autres symboles, comme :

△ □

et même des couleurs ou encore frappez dans vos mains, avec vos pieds, sur vos cuisses, claquez la langue, dites un son).

Voici une petite liste de jeux à vous procurer : jeu d'échecs, Dobble® (Asmodée), Sardines® (Djeco), Cocotaki® (Gigamic), Bazar Bizarre® (Gigamic), Jungle Speed® (Asmodée), Halli Galli® (Gigamic), des jeux de mémory, des puzzles, etc.

Essayez d'autres activités de motricité fine : enfiler ou trier des perles par formes ou par couleurs, etc.

Détendez-vous !

Les personnes qui savent se détendre physiquement et intellectuellement ont une meilleure faculté d'attention. Aussi, il est important d'apprendre à se relaxer et de transmettre cet outil aux enfants !
Il existe de nombreuses méthodes pour apprendre à se relaxer, à mieux respirer et à gérer son état émotionnel[7] : la sophrologie, le yoga, la méditation de pleine conscience, la méthode Vittoz...

La capacité à nommer ses émotions apaise.
Plus l'enfant sera capable de les reconnaître, meilleures seront ses relations avec son entourage. Quelle que soit la technique utilisée, n'exigez pas trop de l'enfant dans un premier temps. Il s'agit pour lui d'une découverte, toutes ses réactions sont normales (rire, bouger). Acceptez-les. Soyez patient(e) ! Un temps de détente, même très court, favorise l'attention et la concentration.

La respiration

Les exercices de respiration préparent à la détente. Les enfants doivent apprendre à sentir leur respiration pour pouvoir agir sur celle-ci.

- **La respiration de l'oiseau** : Inspirez, l'oiseau ouvre ses ailes (le ventre se gonfle, les bras se soulèvent vers le ciel de chaque côté du corps).

  Expirez, l'oiseau replie ses ailes. Le ventre se creuse. Les bras s'abaissent et se placent le long du corps.

  Recommencez plusieurs fois. Le ventre se gonfle et se dégonfle comme un ballon de baudruche.

- **La respiration en escalier** (reproduire le dessin sur une feuille ou un tableau si besoin)

  Bouchez la narine droite avec le pouce droit puis inspirez légèrement par la narine gauche. Bouchez la narine gauche avec votre index droit, retirez le pouce puis inspirez légèrement par la narine droite. Continuez ainsi en suivant le tracé des marches (sentez le ventre qui se gonfle) puis expirez par le nez en suivant le toboggan.

Faites le même exercice sans alterner narine gauche, narine droite. Avec l'index, suivez le tracé des marches et descendez le toboggan en soufflant lentement par le nez ou par la bouche. Refaites l'exercice les yeux fermés. Visualisez les marches et le toboggan dans votre tête.

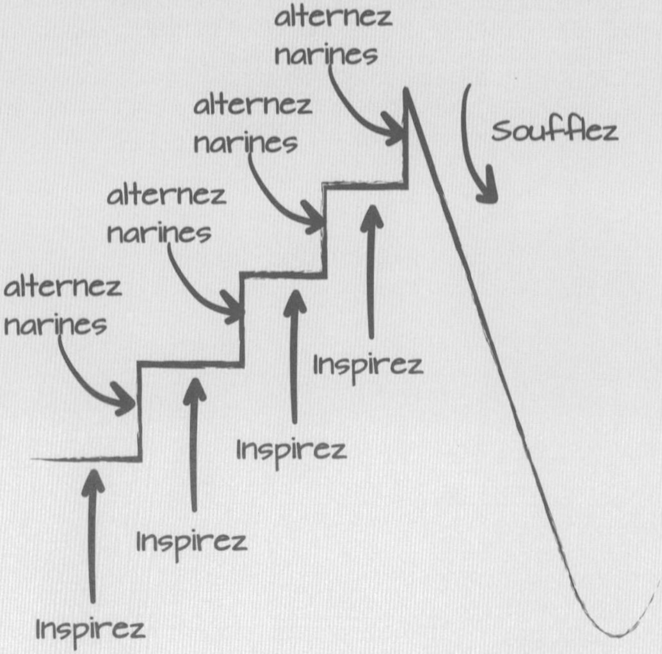

La relaxation

La détente express : le pantin

Installez-vous debout ou assis(e), le dos droit, les bras le long du corps.

Dites aux enfants très lentement :

Vous êtes des marionnettes à fils ou des pantins comme Pinocchio. Votre tête, vos bras, toutes les parties de votre corps sont reliées à des fils imaginaires. Vous regardez loin devant vous. **Faites une pause.**

Je remue tous les fils très lentement. **Remuez votre corps très doucement.**

Je lâche le fil de la tête, du cou puis du dos et du bassin. Votre tête, votre cou, votre dos et votre bassin se relâchent complètement. **Faites une pause.**

Je retends les fils les uns après les autres. Je commence par la taille, le dos puis le cou et la tête. Je tire sur le fil de votre coude droit le plus possible, puis je lâche. Je tire sur le fil de votre genou gauche, de votre poignet droit [...] puis je lâche... Que ressens-tu dans ton corps ? De la chaleur ? Des picotements ? Est-ce agréable ?

- Amusez-vous à toutes les combinaisons possibles en nommant différentes parties du corps. Cela permettra aux enfants de mieux ressentir toutes les parties de leur corps : chevilles, oreilles, doigts (pouces, index, etc.).
- Tirez le fil imaginaire de différentes façons : rapidement, délicatement, par saccades...
- Exécutez les mouvements en même temps que les enfants si besoin.
- Proposez ensuite un temps de récupération, temps pendant lequel l'enfant ne bouge plus, mais est à l'écoute de ses sensations.

Le calme après la tempête

Installez-vous le dos droit, les pieds à plat, si possible les yeux fermés. Dites :

Fais souffler le vent en frottant tes mains l'une contre l'autre [20 secondes]. *Entends-tu le vent qui souffle ?*

La pluie tombe. Fais claquer tes doigts [10 secondes]. *Elle tombe encore plus fort, plus vite.*

Le tonnerre gronde. Tape des pieds fort [10 secondes], *encore plus fort.*

Le tonnerre s'arrête. La pluie diminue puis cesse. Un vent léger souffle. Frotte doucement tes mains, très doucement. Le vent s'arrête. Après la tempête, c'est le calme. Écoute ce silence.

Poursuivez éventuellement avec une micropause ou un temps de détente (la pluie de paillettes, voir ci-dessous).

• Micropause (avec des instruments)

Invitez les enfants à écouter le son produit par un bol tibétain (choisissez un son grave, la note do), un bâton de pluie ou un carillon pendant quelques minutes. Invitez-les à ressentir leur corps se détendre et leur respiration s'apaiser.

Vous pouvez aussi utiliser un gros sablier et inviter l'enfant à observer le sable qui s'écoule et en même temps ressentir le calme qui entre en lui et envahit tout son corps.

• Détente et visualisation[8] : la pluie de paillettes

Cet exercice est à adapter en fonction de l'âge de l'enfant. Commencez, avant chaque temps de détente, par bouger (sauter, danser...) afin que l'enfant ressente bien son corps et évacue ses émotions.

Installez-vous, allongé(e) sur un tapis ou assis(e) sur une chaise. D'une voix calme et douce, proposez la détente suivante. Faites régulièrement des pauses pour laisser le temps à l'enfant de ressentir la détente.

Inspire et expire profondément trois fois de suite [une main posée sur le ventre]. Ressens le calme qui entre en toi. Ta respiration est calme. Tous tes membres (bras, jambes…) se détendent. Tout ton corps se détend. Imagine maintenant venant du plafond une pluie de paillettes. Ces petites paillettes viennent se poser sur toi. Que ressens-tu ? (chaleur, chatouilles…). Elles t'apportent ce dont tu as besoin [choisissez : joie, confiance, calme, concentration]. Tu te sens bien, heureux(se), prêt(e) à réussir tout ce que tu vas entreprendre aujourd'hui. Profite de cet instant. Tout ton corps est détendu, ta respiration est calme. La pluie de paillettes s'arrête.

Maintenant, respire profondément trois fois de suite. Laisse venir les bâillements, les soupirs. Imagine, toujours les yeux fermés, la pièce dans laquelle tu te trouves maintenant. Reprends contact avec ton corps. Bouge les pieds doucement, les jambes, les mains, les bras, la tête. Bâille et étire-toi. Quand tu es prêt(e), ouvre les yeux.

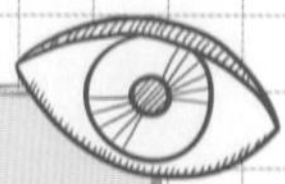

Détente et concentration

À pratiquer à partir de 8 ans (en petit groupe ou en individuel), après une détente corporelle.

Imagine-toi à présent dans ta salle de classe. Tu te vois, assis(e) sur ta chaise, devant ton bureau. Tu te sens bien. Tu te vois en train d'écouter ton professeur. Peut-être que tu répètes les phrases prononcées par ton professeur dans ta tête ou peut-être vois-tu des images ? Tu écoutes parfaitement. Tout te paraît clair. Tu te sens bien, complètement attentif(ve) aux paroles du professeur. Tu es heureux(se) d'apprendre de nouvelles choses. Tu te vois participer, lever la main... peut-être même sourire. Tu te vois aussi en train de faire le travail demandé totalement concentré(e) sur ta tâche. Tu es maître de ton attention et de ta concentration. Tu es bien !

Profite de cet instant ! Quand tu es prêt(e), reviens dans la pièce où tu te trouves en respirant profondément et étire-toi.

Techniques de concentration issues de la méthode Vittoz[9]

Le signe de l'infini

Placez votre index droit au centre puis montez vers la gauche, suivez le tracé du signe puis revenez au centre. Recommencez avec l'index de l'autre main puis les deux index en même temps.

Vous pouvez dessiner le signe de l'infini en le visualisant dans l'espace : debout, bras droit tendu, dessinez-le avec votre pouce en commençant par le milieu et en remontant vers la gauche. Changez de bras. Puis recommencez avec les deux bras.

Attention : seuls les yeux suivent le mouvement. La tête reste immobile.

Après une courte détente, proposez un des exercices suivants.

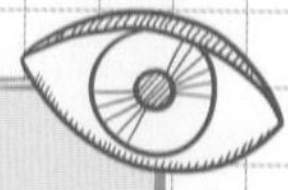

- Imaginez un tableau dans votre tête puis écrivez avec une craie le chiffre 1. Concentrez toute votre attention sur ce chiffre quelques instants puis effacez-le (idem avec les chiffres 2 puis 3 ou avec des lettres).
- Écrivez sur le tableau le mot **CONCENTRATION** (épelez-le), regardez bien ce mot puis effacez-le lettre après lettre. Effacez le **C** puis le **O**, etc.
- Écrivez les lettres de l'alphabet l'une après l'autre.
- Dessinez dans votre tête, sur le tableau imaginaire, trois cercles, un grand, un moyen et un petit. Regardez-les quelques instants. Effacez-les en commençant par le plus petit.

Créez vous-même ce genre d'exercices en variant les exemples. Faites visualiser différentes formes et couleurs : par exemple, dessinez un carré jaune à l'intérieur d'un triangle rouge.

Après ces exercices : respirez profondément, étirez-vous. Ouvrez vos yeux et vos oreilles, vous êtes prêt(e) à bien travailler !

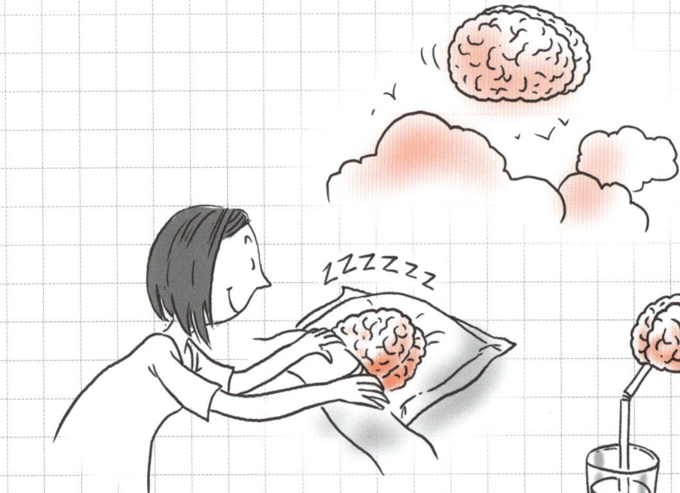
ZZZZZZZ
EAU
HUILE COLZA
HUILE DE NOIX
LIN

J'entretiens

Notre cerveau a des **besoins auxquels il est important de répondre.** Les respecter permet d'entretenir notre bien-être, nos performances et donc notre attention. Ces besoins sont simples, mais y répondez-vous toujours et qu'en est-il des enfants de votre entourage ?

Un bon sommeil

Un manque de sommeil diminue les facultés d'attention et de concentration.

Complétez ce test pendant une semaine pour évaluer votre besoin de sommeil et l'importance d'une bonne nuit !

	Heure du coucher	Heure du lever	Temps de sommeil	Humeur le jour suivant
Nuit 1				
Nuit 2				
Nuit 3				
Nuit 4				
Nuit 5				
Nuit 6				
Nuit 7				

(Humeur : maussade, grognon[ne], fatigué[e], enjoué[e], reposé[e], dynamique...)

Le cerveau est très actif pendant que nous dormons. Il répète la nuit ce que nous avons appris pendant la journée. Les écrans retardent le moment de s'endormir et perturbent le sommeil.

Une nourriture équilibrée

Entourez ce qui est bon pour un cerveau attentif !

Réponse :
Il fallait tout entourer, hormis les sodas, le hamburger et la charcuterie. Notre cerveau a besoin de nourriture variée et riche en oméga-3 (huile de lin, de colza, de noix, noix, noix de pécan...) et en oméga-9 (huile d'olive, de noisette, avocat...). Le poisson (sardine, truite, maquereau, saumon), les œufs, les noix, les noisettes, les amandes, les brocolis, les épinards, la betterave, les tomates, le raisin noir, la pomme verte, les fruits et les légumes frais, les graines (courge, lin, tournesol) doivent être présents dans votre alimentation.

Préférez les produits non raffinés et biologiques.

Le chocolat noir est aussi conseillé (en quantité raisonnable). Il booste nos vaisseaux sanguins !

Une bonne hydratation

Un cerveau bien hydraté travaille mieux. Buvez de l'eau et bannissez les sodas et autres boissons gazeuses et très sucrées.

Des pauses régulières

Coloriez des mandalas, pratiquez l'automassage (des mains, des tempes), les massages à deux, aérez-vous, bougez, sortez, jouez, détendez-vous.

En résumé

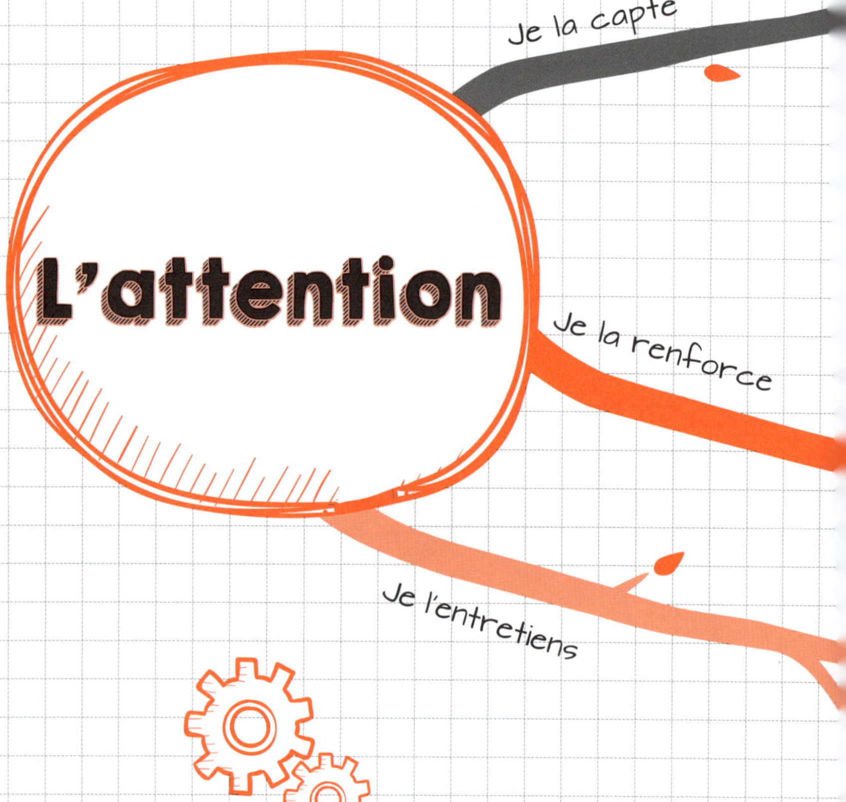

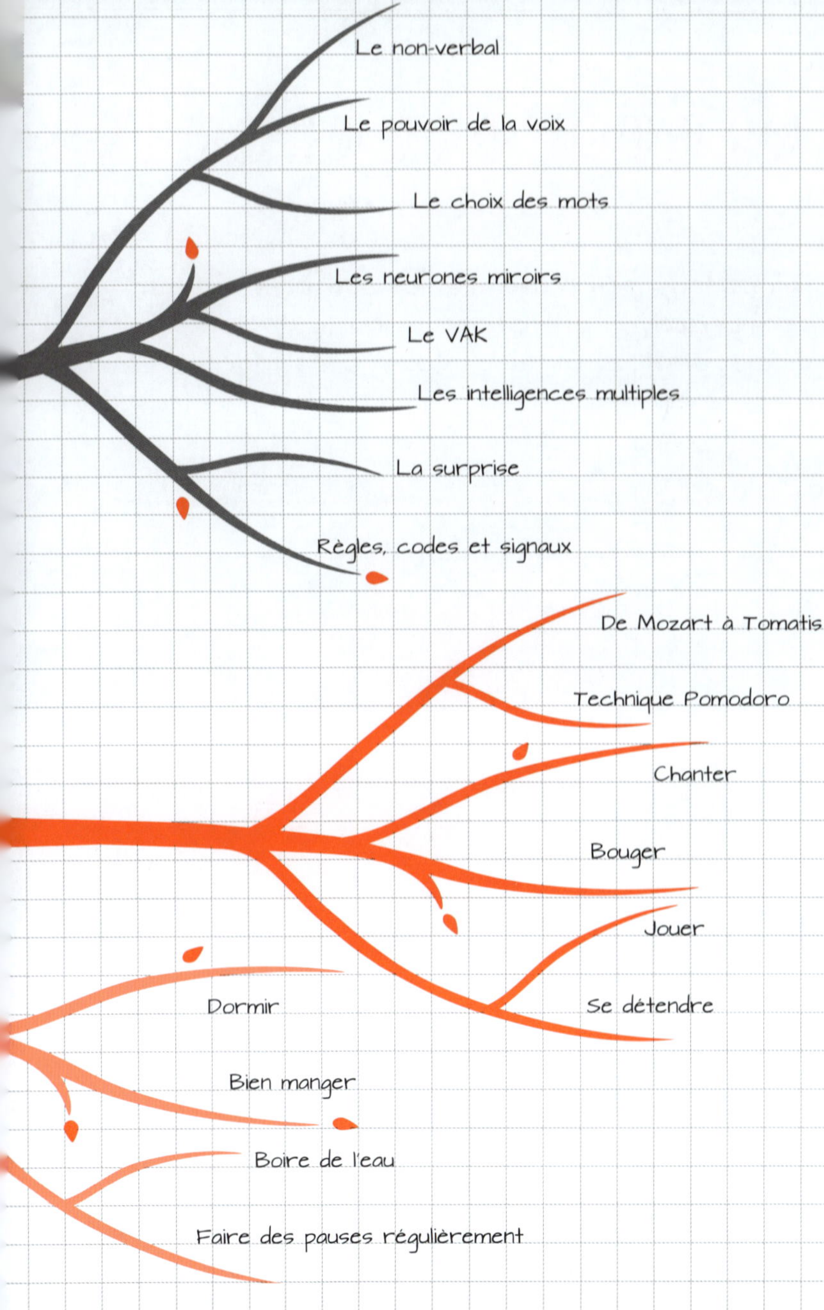
Le non-verbal
Le pouvoir de la voix
Le choix des mots
Les neurones miroirs
Le VAK
Les intelligences multiples
La surprise
Règles, codes et signaux
De Mozart à Tomatis
Technique Pomodoro
Chanter
Bouger
Jouer
Se détendre
Dormir
Bien manger
Boire de l'eau
Faire des pauses régulièrement

Défis personnels

Parmi tous ces outils, que ce soit pour capter, renforcer ou entretenir l'attention :

Quels sont ceux que vous êtes prêt(e) à mettre en place ?

Quels sont ceux que vous pratiquez déjà mais que vous souhaitez améliorer ou approfondir ? Comment ?

- ....
- ....
- ....
- ....
- ....
- ....
- ....
- ....
- ....
- ....
- ....
- ....
- ....
- ....
- ....

« ÉVITEZ DE TROP PENSER. VOYEZ SEULEMENT LE PRÉSENT ET AGISSEZ. C'EST LA CLÉ D'UN COMPORTEMENT VRAI ET POSITIF. »

SVÂMI PRAJNÂNPAD

Notes

1. C'est le cas de Jean Philippe Lachaux, directeur de recherche à L'Inserm et créateur du projet ATOL (ATTentif à l'écOLe).

2. Une émotion se ressent physiquement et psychologiquement. Elle dure peu de temps. Un sentiment dure plus longtemps qu'une émotion. Il naît souvent d'une émotion. L'émotion se situe au niveau du corps, le sentiment au niveau de la pensée. Exemple : de la peur (émotion) peut naître un sentiment d'insécurité.

3. VAK ou VAKOG : visuel, auditif, kinesthésique, olfactif, gustatif est un terme issu de la PNL (Programmation neuro-linguistique).

4. Voir partie 2 : « Je renforce ».

5. Vous trouverez dans *12 outils pour capter l'attention des enfants*, Éd. Jouvence, une liste de musique qui favorise la concentration.

6. Le Brain Gym est une branche de la kinésiologie. Il a été créé par le docteur Paul Dennison aux États-Unis et introduit dans les années 1980 en France. Cette gymnastique cérébrale utilise le corps pour améliorer les capacités d'apprentissage et de concentration.

7. Observer et nommer ses émotions n'est pas toujours aisé et demande un apprentissage. Les enfants commencent à ressentir les émotions à différents endroits de leur corps à partir de 6 ans. On distingue 6 émotions de base : la joie, la colère, la tristesse, la surprise, le dégoût et le mépris.

8. Le pouvoir de la visualisation pour se voir réussir une action future est très efficace. De nombreux exemples le démontrent parmi, entre autres, les grands sportifs !

9. Méthode psychosensorielle créée par Roger Vittoz dans le but de limiter le vagabondage cérébral.

Mon stage de développement personnel partout avec moi !

5,70 €

bichromie, 104 pages

Format idéal à glisser dans ma poche ou dans mon sac !

Dépôt légal : mai 2018

Achevé d'imprimer en avril 2018

Imprimé en Bulgarie